This Equestrian Journal Belongs To

Thank you for your purchase!

This journal has been created especially for Horseback Riding Enthusiasts & Equestrians!

Hope you enjoy using this journal for all your Riding Lessons & Sessions.

If you like this, please share your feedback. Your Amazon rating and review will help us reach more people and will also help us improve

Thanks Again!

Copyright © 2021 Jonathan Pai
All rights reserved. Contents of this book may not be reproduced, duplicated or transmitted without permission from the author or publisher.

Horse Ride Index

01 _____	26 _____
02 _____	27 _____
03 _____	28 _____
04 _____	29 _____
05 _____	30 _____
06 _____	31 _____
07 _____	32 _____
08 _____	33 _____
09 _____	34 _____
10 _____	35 _____
11 _____	36 _____
12 _____	37 _____
13 _____	38 _____
14 _____	39 _____
15 _____	40 _____
16 _____	41 _____
17 _____	42 _____
18 _____	43 _____
19 _____	44 _____
20 _____	45 _____
21 _____	46 _____
22 _____	47 _____
23 _____	48 _____
24 _____	49 _____
25 _____	50 _____

Horse Ride Index

51 _____
52 _____
53 _____
54 _____
55 _____
56 _____
57 _____
58 _____
59 _____
60 _____
61 _____
62 _____
63 _____
64 _____
65 _____
66 _____
67 _____
68 _____
69 _____
70 _____
71 _____
72 _____
73 _____
74 _____
75 _____

76 _____
77 _____
78 _____
79 _____
80 _____
81 _____
82 _____
83 _____
84 _____
85 _____
86 _____
87 _____
88 _____
89 _____
90 _____
91 _____
92 _____
93 _____
94 _____
95 _____
96 _____
97 _____
98 _____
99 _____
100 _____

DATE
TIME
LOCATION

WEATHER CONDITIONS

🌡 ____ ☀ ⛅ ☁ 🌧 ❄
🌬 ____ ☐ ☐ ☐ ☐ ☐

NAME
BREED
COLOR
AGE
GENDER
TYPE ☐ HORSE ☐ PONY

HORSE BEHAVIOUR

☐ FOCUSED	☐ DISTRACTED
☐ SLOW	☐ QUICK
☐ WILLING	☐ RESISTANT

NOTES

CARE & FEEDING

HORSE ENERGY

TRAINING PLAN

EXERCISE AND FOCUS	TIME	ADDITIONAL NOTES

📅 **DATE**	
🕐 **TIME**	
📍 **LOCATION**	

WEATHER CONDITIONS

🌡 _____ ☀ ⛅ 🌧 ⛈ ❄
🌬 _____ ☐ ☐ ☐ ☐ ☐

🐴 **NAME**	
BREED	
✨ **COLOR**	
AGE	
⚧ **GENDER**	
TYPE	☐ HORSE ☐ PONY

HORSE BEHAVIOUR

☐ FOCUSED		☐ DISTRACTED	
☐ SLOW		☐ QUICK	
☐ WILLING		☐ RESISTANT	

📋 **NOTES**

CARE & FEEDING

HORSE ENERGY

TRAINING PLAN

EXERCISE AND FOCUS	TIME	ADDITIONAL NOTES

📅 **DATE**	
🕐 **TIME**	
📍 **LOCATION**	

WEATHER CONDITIONS

🌡️ _____ ☀️ ⛅ 🌧️ ⛈️ ❄️

🎐 _____ ☐ ☐ ☐ ☐ ☐

🐴 **NAME**	
🐎 **BREED**	
✨ **COLOR**	
🧲 **AGE**	
⚥ **GENDER**	
🏇 **TYPE** ☐ HORSE ☐ PONY	

HORSE BEHAVIOUR

☐ FOCUSED	☐ DISTRACTED
☐ SLOW	☐ QUICK
☐ WILLING	☐ RESISTANT
📋 NOTES	

CARE & FEEDING

HORSE ENERGY

TRAINING PLAN

🐴 EXERCISE AND FOCUS	⏱️ TIME	📝 ADDITIONAL NOTES

DATE	
TIME	
LOCATION	

WEATHER CONDITIONS

🌡 ____ ☀ ⛅ 🌧 ⛈ ❄

🎐 ____ ☐ ☐ ☐ ☐ ☐

NAME	
BREED	
COLOR	
AGE	
GENDER	
TYPE	☐ HORSE ☐ PONY

HORSE BEHAVIOUR

☐ FOCUSED	☐ DISTRACTED
☐ SLOW	☐ QUICK
☐ WILLING	☐ RESISTANT
NOTES	

CARE & FEEDING

HORSE ENERGY

TRAINING PLAN

EXERCISE AND FOCUS	TIME	ADDITIONAL NOTES

📅 DATE	
🕐 TIME	
📍 LOCATION	

WEATHER CONDITIONS

🌡️ _____ ☀️ ⛅ ☁️ 🌧️ ⛈️ ❄️

🚩 _____ ☐ ☐ ☐ ☐ ☐

🐴 NAME	
🐎 BREED	
✨ COLOR	
🧲 AGE	
⚥ GENDER	
🏇 TYPE ☐ HORSE ☐ PONY	

HORSE BEHAVIOUR

☐ FOCUSED	☐ DISTRACTED
☐ SLOW	☐ QUICK
☐ WILLING	☐ RESISTANT
📋 NOTES	

CARE & FEEDING

HORSE ENERGY

TRAINING PLAN

🐎 EXERCISE AND FOCUS	⏱️ TIME	📝 ADDITIONAL NOTES

📅 **DATE**	
🕐 **TIME**	
📍 **LOCATION**	

WEATHER CONDITIONS

🌡 _____ ☀ ⛅ ☁ 🌧 ❄

💨 _____ ☐ ☐ ☐ ☐ ☐

🐴 **NAME**
🐎 **BREED**
✨ **COLOR**
🧲 **AGE**
⚥ **GENDER**
🎺 **TYPE**   ☐ HORSE   ☐ PONY

HORSE BEHAVIOUR

☐ FOCUSED		☐ DISTRACTED
☐ SLOW		☐ QUICK
☐ WILLING		☐ RESISTANT

📝 **NOTES**

CARE & FEEDING

HORSE ENERGY

TRAINING PLAN

🐴 EXERCISE AND FOCUS	⏱ TIME	📝 ADDITIONAL NOTES

📅 DATE	
🕐 TIME	
📍 LOCATION	

WEATHER CONDITIONS

🌡 ____ ☀ ⛅ ☁ 🌧 ⛈ ❄
💨 ____ ☐ ☐ ☐ ☐ ☐

🐴 NAME	
BREED	
COLOR	
AGE	
GENDER	
TYPE ☐ HORSE ☐ PONY	

HORSE BEHAVIOUR

☐ FOCUSED	☐ DISTRACTED
☐ SLOW	☐ QUICK
☐ WILLING	☐ RESISTANT

📝 NOTES

CARE & FEEDING

HORSE ENERGY

TRAINING PLAN

🐎 EXERCISE AND FOCUS	⏱ TIME	📝 ADDITIONAL NOTES

DATE
TIME
LOCATION

WEATHER CONDITIONS

NAME
BREED
COLOR
AGE
GENDER
TYPE
- [ ] HORSE
- [ ] PONY

HORSE BEHAVIOUR

[ ]	FOCUSED	[ ]	DISTRACTED
[ ]	SLOW	[ ]	QUICK
[ ]	WILLING	[ ]	RESISTANT

NOTES

CARE & FEEDING

HORSE ENERGY

TRAINING PLAN

EXERCISE AND FOCUS	TIME	ADDITIONAL NOTES

DATE
TIME
LOCATION

WEATHER CONDITIONS

🌡 ____ ☀ ⛅ ☁ 🌧 ❄

💨 ____ ☐ ☐ ☐ ☐ ☐

NAME
BREED
COLOR
AGE
GENDER
TYPE ☐ HORSE ☐ PONY

HORSE BEHAVIOUR

☐ FOCUSED	☐ DISTRACTED
☐ SLOW	☐ QUICK
☐ WILLING	☐ RESISTANT

📋 NOTES

CARE & FEEDING

HORSE ENERGY

TRAINING PLAN

EXERCISE AND FOCUS	TIME	ADDITIONAL NOTES

📅 DATE
🕐 TIME
📍 LOCATION

WEATHER CONDITIONS

🌡 ____ ☀ ⛅ 🌧 ⛈ ❄
🚩 ____ ☐ ☐ ☐ ☐ ☐

🐴 NAME
🐎 BREED
✨ COLOR
🧲 AGE
⚥ GENDER
🤠 TYPE   ☐ HORSE   ☐ PONY

HORSE BEHAVIOUR

☐ FOCUSED	☐ DISTRACTED
☐ SLOW	☐ QUICK
☐ WILLING	☐ RESISTANT

📋 NOTES

CARE & FEEDING

HORSE ENERGY

TRAINING PLAN

🐴 EXERCISE AND FOCUS	⏱ TIME	📝 ADDITIONAL NOTES

📅 **DATE**	
🕐 **TIME**	
📍 **LOCATION**	

WEATHER CONDITIONS

🌡 _____ ☀ ⛅ 🌦 🌧 ❄

💨 _____ ☐ ☐ ☐ ☐ ☐

🐴 **NAME**	
🐎 **BREED**	
✧ **COLOR**	
🧲 **AGE**	
⚥ **GENDER**	
🏇 **TYPE** ☐ HORSE ☐ PONY	

HORSE BEHAVIOUR

☐ FOCUSED	☐ DISTRACTED
☐ SLOW	☐ QUICK
☐ WILLING	☐ RESISTANT
📋 NOTES	

CARE & FEEDING

HORSE ENERGY

TRAINING PLAN

🏇 EXERCISE AND FOCUS	⏱ TIME	📝 ADDITIONAL NOTES

📅 **DATE**	
🕐 **TIME**	
📍 **LOCATION**	

WEATHER CONDITIONS

🌡 —— ☀ ⛅ ☁ 🌧 ⛈ ❄

🚩 —— ☐ ☐ ☐ ☐ ☐

🐴 **NAME**	
🐎 **BREED**	
✨ **COLOR**	
🧲 **AGE**	
⚧ **GENDER**	
🏇 **TYPE** ☐ HORSE ☐ PONY	

HORSE BEHAVIOUR

☐ FOCUSED	☐ DISTRACTED
☐ SLOW	☐ QUICK
☐ WILLING	☐ RESISTANT
📋 NOTES	

CARE & FEEDING

HORSE ENERGY

TRAINING PLAN

🐴 EXERCISE AND FOCUS	⏱ TIME	📝 ADDITIONAL NOTES

DATE
TIME
LOCATION

WEATHER CONDITIONS

☀ ⛅ ☁ 🌧 ⛈ ❄

NAME
BREED
COLOR
AGE
GENDER
TYPE ☐ HORSE ☐ PONY

HORSE BEHAVIOUR

☐ FOCUSED	☐ DISTRACTED
☐ SLOW	☐ QUICK
☐ WILLING	☐ RESISTANT
NOTES	

CARE & FEEDING

HORSE ENERGY

TRAINING PLAN

EXERCISE AND FOCUS	TIME	ADDITIONAL NOTES

DATE
TIME
LOCATION

WEATHER CONDITIONS

NAME
BREED
COLOR
AGE
GENDER
TYPE ☐ HORSE ☐ PONY

HORSE BEHAVIOUR

☐ FOCUSED	☐ DISTRACTED
☐ SLOW	☐ QUICK
☐ WILLING	☐ RESISTANT

NOTES

CARE & FEEDING

HORSE ENERGY

TRAINING PLAN

EXERCISE AND FOCUS	TIME	ADDITIONAL NOTES

📅 **DATE**	
🕐 **TIME**	
📍 **LOCATION**	

WEATHER CONDITIONS

🌡️ _____ ☀️ ⛅ ☁️ 🌧️ ❄️

🌬️ _____ ☐ ☐ ☐ ☐ ☐

🐴 **NAME**	
BREED	
✨ **COLOR**	
AGE	
⚥ **GENDER**	
TYPE	☐ HORSE ☐ PONY

HORSE BEHAVIOUR

☐ FOCUSED	☐ DISTRACTED
☐ SLOW	☐ QUICK
☐ WILLING	☐ RESISTANT
📋 NOTES	

CARE & FEEDING

HORSE ENERGY

TRAINING PLAN

🐴 EXERCISE AND FOCUS	⏱️ TIME	📝 ADDITIONAL NOTES

DATE		WEATHER CONDITIONS					
TIME		🌡 ___	☀	⛅	☁	⛈	❄
LOCATION		🚩 ___	☐	☐	☐	☐	☐

NAME		HORSE BEHAVIOUR	
BREED		☐ FOCUSED	☐ DISTRACTED
COLOR		☐ SLOW	☐ QUICK
AGE		☐ WILLING	☐ RESISTANT
GENDER		NOTES	
TYPE ☐ HORSE ☐ PONY			

CARE & FEEDING

HORSE ENERGY

TRAINING PLAN

EXERCISE AND FOCUS	TIME	ADDITIONAL NOTES

📅 DATE	
🕐 TIME	
📍 LOCATION	

WEATHER CONDITIONS

🌡 ____ ☀ ⛅ ☁ 🌧 ❄
🌬 ____ ☐ ☐ ☐ ☐ ☐

🐴 NAME	
🐎 BREED	
✨ COLOR	
🧲 AGE	
⚥ GENDER	
🏇 TYPE ☐ HORSE ☐ PONY	

HORSE BEHAVIOUR

☐ FOCUSED	☐ DISTRACTED
☐ SLOW	☐ QUICK
☐ WILLING	☐ RESISTANT

📋 NOTES

CARE & FEEDING

HORSE ENERGY

TRAINING PLAN

🐴 EXERCISE AND FOCUS	⏱ TIME	📝 ADDITIONAL NOTES

📅 **DATE**	
🕐 **TIME**	
📍 **LOCATION**	

WEATHER CONDITIONS

🌡 _____ ☀ ⛅ 🌧 ⛈ ❄
🪁 _____ ☐ ☐ ☐ ☐ ☐

🐴 **NAME**	
🐎 **BREED**	
✨ **COLOR**	
🧲 **AGE**	
⚥ **GENDER**	
🎺 **TYPE**	☐ HORSE ☐ PONY

HORSE BEHAVIOUR

☐ FOCUSED	☐ DISTRACTED
☐ SLOW	☐ QUICK
☐ WILLING	☐ RESISTANT

📋 **NOTES**

CARE & FEEDING

HORSE ENERGY

TRAINING PLAN

🐎 EXERCISE AND FOCUS	⏱ TIME	📝 ADDITIONAL NOTES

📅 **DATE**	
🕐 **TIME**	
📍 **LOCATION**	

WEATHER CONDITIONS

🌡️ _____ ☀️ ⛅ ☁️ 🌧️ ❄️

💨 _____ ☐ ☐ ☐ ☐ ☐

🐴 **NAME**	
🐎 **BREED**	
✨ **COLOR**	
🧲 **AGE**	
⚥ **GENDER**	
🏇 **TYPE** ☐ HORSE ☐ PONY	

HORSE BEHAVIOUR

☐	FOCUSED	☐	DISTRACTED
☐	SLOW	☐	QUICK
☐	WILLING	☐	RESISTANT

📋 **NOTES**

CARE & FEEDING

HORSE ENERGY

TRAINING PLAN

🐴 EXERCISE AND FOCUS	⏱️ TIME	📝 ADDITIONAL NOTES

	DATE
	TIME
	LOCATION

WEATHER CONDITIONS

☀ ⛅ 🌧 ⛈ ❄

☐ ☐ ☐ ☐ ☐

	NAME
	BREED
	COLOR
	AGE
	GENDER
	TYPE ☐ HORSE ☐ PONY

HORSE BEHAVIOUR

☐ FOCUSED	☐ DISTRACTED
☐ SLOW	☐ QUICK
☐ WILLING	☐ RESISTANT

NOTES

CARE & FEEDING

HORSE ENERGY

TRAINING PLAN

EXERCISE AND FOCUS	TIME	ADDITIONAL NOTES

DATE
TIME
LOCATION

WEATHER CONDITIONS

🌡 ____ ☀ ⛅ ☁ 🌧 ❄
🌬 ____ ☐ ☐ ☐ ☐ ☐

NAME
BREED
COLOR
AGE
GENDER
TYPE ☐ HORSE ☐ PONY

HORSE BEHAVIOUR

☐ FOCUSED	☐ DISTRACTED
☐ SLOW	☐ QUICK
☐ WILLING	☐ RESISTANT
NOTES	

CARE & FEEDING

HORSE ENERGY

TRAINING PLAN

EXERCISE AND FOCUS	TIME	ADDITIONAL NOTES

DATE

TIME

LOCATION

WEATHER CONDITIONS

NAME

BREED

COLOR

AGE

GENDER

TYPE ☐ HORSE ☐ PONY

HORSE BEHAVIOUR

☐ FOCUSED	☐ DISTRACTED
☐ SLOW	☐ QUICK
☐ WILLING	☐ RESISTANT

NOTES

CARE & FEEDING

HORSE ENERGY

TRAINING PLAN

EXERCISE AND FOCUS	TIME	ADDITIONAL NOTES

📅 DATE	
🕐 TIME	
📍 LOCATION	

WEATHER CONDITIONS

🌡️ _____ ☀️ ⛅ ☁️ 🌧️ ❄️

💨 _____ ☐ ☐ ☐ ☐ ☐

🐴 NAME	
🐎 BREED	
✨ COLOR	
🧲 AGE	
⚧ GENDER	
🏇 TYPE ☐ HORSE ☐ PONY	

HORSE BEHAVIOUR

☐ FOCUSED	☐ DISTRACTED
☐ SLOW	☐ QUICK
☐ WILLING	☐ RESISTANT

📋 NOTES

CARE & FEEDING

HORSE ENERGY

TRAINING PLAN

🏇 EXERCISE AND FOCUS	⏱️ TIME	📝 ADDITIONAL NOTES

📅 **DATE**	
🕐 **TIME**	
📍 **LOCATION**	

WEATHER CONDITIONS

🌡️ _____ ☀️ ⛅ 🌧️ ⛈️ ❄️

🚩 _____ ☐ ☐ ☐ ☐ ☐

🐴 **NAME**	
🐎 **BREED**	
✨ **COLOR**	
🧲 **AGE**	
⚥ **GENDER**	
🎺 **TYPE** ☐ HORSE ☐ PONY	

HORSE BEHAVIOUR

☐ FOCUSED	☐ DISTRACTED
☐ SLOW	☐ QUICK
☐ WILLING	☐ RESISTANT

📝 **NOTES**

CARE & FEEDING

HORSE ENERGY

TRAINING PLAN

🐎 EXERCISE AND FOCUS	⏱️ TIME	📝 ADDITIONAL NOTES

DATE

TIME

LOCATION

WEATHER CONDITIONS

NAME

BREED

COLOR

AGE

GENDER

TYPE ☐ HORSE ☐ PONY

HORSE BEHAVIOUR

☐ FOCUSED	☐ DISTRACTED
☐ SLOW	☐ QUICK
☐ WILLING	☐ RESISTANT

NOTES

CARE & FEEDING

HORSE ENERGY

TRAINING PLAN

EXERCISE AND FOCUS	TIME	ADDITIONAL NOTES

📅 **DATE**	
🕐 **TIME**	
📍 **LOCATION**	

WEATHER CONDITIONS

🌡 ___ ☀ ⛅ ☁ 🌧 ❄

🚩 ___ ☐ ☐ ☐ ☐ ☐

🐴 **NAME**	
🐎 **BREED**	
✨ **COLOR**	
🧲 **AGE**	
⚥ **GENDER**	
🏇 **TYPE** ☐ HORSE ☐ PONY	

HORSE BEHAVIOUR

☐ FOCUSED		☐ DISTRACTED	
☐ SLOW		☐ QUICK	
☐ WILLING		☐ RESISTANT	

📋 **NOTES**

CARE & FEEDING

HORSE ENERGY

TRAINING PLAN

🐴 EXERCISE AND FOCUS	⏱ TIME	📝 ADDITIONAL NOTES

DATE
TIME
LOCATION

WEATHER CONDITIONS

🌡 ____ ☀ ⛅ ☁ 🌧 ❄

💨 ____ ☐ ☐ ☐ ☐ ☐

NAME
BREED
COLOR
AGE
GENDER
TYPE ☐ HORSE ☐ PONY

HORSE BEHAVIOUR

☐ FOCUSED	☐ DISTRACTED
☐ SLOW	☐ QUICK
☐ WILLING	☐ RESISTANT
NOTES	

CARE & FEEDING

HORSE ENERGY

TRAINING PLAN

EXERCISE AND FOCUS	TIME	ADDITIONAL NOTES

DATE	
TIME	
LOCATION	

WEATHER CONDITIONS

🌡 ____ ☀ ⛅ ☁ 🌧 ⛈ ❄

💨 ____ ☐ ☐ ☐ ☐ ☐

NAME	
BREED	
COLOR	
AGE	
GENDER	
TYPE	☐ HORSE ☐ PONY

HORSE BEHAVIOUR

☐ FOCUSED	☐ DISTRACTED
☐ SLOW	☐ QUICK
☐ WILLING	☐ RESISTANT

NOTES

CARE & FEEDING

HORSE ENERGY

TRAINING PLAN

EXERCISE AND FOCUS	TIME	ADDITIONAL NOTES

📅 **DATE**	
🕐 **TIME**	
📍 **LOCATION**	

WEATHER CONDITIONS

🌡️ _____ ☀️ ⛅ 🌧️ ⛈️ ❄️

💨 _____ ☐ ☐ ☐ ☐ ☐

🐴 **NAME**	
🐎 **BREED**	
✨ **COLOR**	
🧲 **AGE**	
♀♂ **GENDER**	
🏇 **TYPE** ☐ HORSE ☐ PONY	

HORSE BEHAVIOUR

☐ FOCUSED	☐ DISTRACTED
☐ SLOW	☐ QUICK
☐ WILLING	☐ RESISTANT
📋 NOTES	

CARE & FEEDING

HORSE ENERGY

TRAINING PLAN

🐴 EXERCISE AND FOCUS	⏱️ TIME	📝 ADDITIONAL NOTES

DATE	
TIME	
LOCATION	

WEATHER CONDITIONS

🌡 ____ ☀ ⛅ ☁ 🌧 ❄

🚩 ____ ☐ ☐ ☐ ☐ ☐

NAME	
BREED	
COLOR	
AGE	
GENDER	
TYPE	☐ HORSE ☐ PONY

HORSE BEHAVIOUR

☐ FOCUSED	☐ DISTRACTED
☐ SLOW	☐ QUICK
☐ WILLING	☐ RESISTANT

NOTES

CARE & FEEDING

HORSE ENERGY

TRAINING PLAN

EXERCISE AND FOCUS	TIME	ADDITIONAL NOTES

📅 **DATE**	
🕐 **TIME**	
📍 **LOCATION**	

WEATHER CONDITIONS

🌡 _____ ☀️ ⛅ 🌧 ⛈ ❄️

🌬 _____ ☐ ☐ ☐ ☐ ☐

🐴 **NAME**	
🐎 **BREED**	
✨ **COLOR**	
🧲 **AGE**	
⚥ **GENDER**	
🏇 **TYPE** ☐ HORSE ☐ PONY	

HORSE BEHAVIOUR

☐	FOCUSED	☐	DISTRACTED
☐	SLOW	☐	QUICK
☐	WILLING	☐	RESISTANT

📋 **NOTES**

CARE & FEEDING

HORSE ENERGY

TRAINING PLAN

🐎 EXERCISE AND FOCUS	⏱ TIME	📝 ADDITIONAL NOTES

DATE	
TIME	
LOCATION	

WEATHER CONDITIONS

🌡 ____ ☀️ ⛅ 🌧 ⛈ ❄️

🚩 ____ ☐ ☐ ☐ ☐ ☐

NAME	
BREED	
COLOR	
AGE	
GENDER	
TYPE	☐ HORSE ☐ PONY

HORSE BEHAVIOUR

☐ FOCUSED	☐ DISTRACTED
☐ SLOW	☐ QUICK
☐ WILLING	☐ RESISTANT

📋 NOTES

CARE & FEEDING

HORSE ENERGY

TRAINING PLAN

EXERCISE AND FOCUS	TIME	ADDITIONAL NOTES

📅 **DATE**	
🕐 **TIME**	
📍 **LOCATION**	

WEATHER CONDITIONS

🌡 _____ ☀️ ⛅ 🌧 ⛈ ❄️

🚩 _____ ☐   ☐   ☐   ☐   ☐

🐴 **NAME**	
🐎 **BREED**	
✦ **COLOR**	
🧲 **AGE**	
⚥ **GENDER**	
🏇 **TYPE** ☐ HORSE ☐ PONY	

HORSE BEHAVIOUR

☐ FOCUSED	☐ DISTRACTED
☐ SLOW	☐ QUICK
☐ WILLING	☐ RESISTANT
📋 NOTES	

CARE & FEEDING

HORSE ENERGY

TRAINING PLAN

🐴 EXERCISE AND FOCUS	⏱ TIME	📝 ADDITIONAL NOTES

DATE
TIME
LOCATION

WEATHER CONDITIONS

NAME
BREED
COLOR
AGE
GENDER
TYPE
- [ ] HORSE
- [ ] PONY

HORSE BEHAVIOUR

- [ ] FOCUSED
- [ ] DISTRACTED
- [ ] SLOW
- [ ] QUICK
- [ ] WILLING
- [ ] RESISTANT

NOTES

CARE & FEEDING

HORSE ENERGY

TRAINING PLAN

EXERCISE AND FOCUS	TIME	ADDITIONAL NOTES

📅 DATE	
🕐 TIME	
📍 LOCATION	

WEATHER CONDITIONS

🌡️ _____ ☀️ ⛅ 🌧️ ⛈️ ❄️

🚩 _____ ☐ ☐ ☐ ☐ ☐

🐴 NAME	
🐎 BREED	
✨ COLOR	
🧲 AGE	
⚥ GENDER	
🏇 TYPE ☐ HORSE ☐ PONY	

HORSE BEHAVIOUR

☐	FOCUSED	☐	DISTRACTED
☐	SLOW	☐	QUICK
☐	WILLING	☐	RESISTANT

📋 NOTES

CARE & FEEDING

HORSE ENERGY

TRAINING PLAN

🏇 EXERCISE AND FOCUS	⏱️ TIME	📝 ADDITIONAL NOTES

DATE

TIME

LOCATION

WEATHER CONDITIONS

NAME

BREED

COLOR

AGE

GENDER

TYPE ☐ HORSE ☐ PONY

HORSE BEHAVIOUR

☐ FOCUSED	☐ DISTRACTED
☐ SLOW	☐ QUICK
☐ WILLING	☐ RESISTANT

NOTES

CARE & FEEDING

HORSE ENERGY

TRAINING PLAN

EXERCISE AND FOCUS	TIME	ADDITIONAL NOTES

📅 **DATE**	
🕐 **TIME**	
📍 **LOCATION**	

WEATHER CONDITIONS

🌡 _____   ☀️ ⛅ ☁️ 🌧 ❄️

🚩 _____   ☐ ☐ ☐ ☐ ☐

🐴 **NAME**	
🐎 **BREED**	
✨ **COLOR**	
🧲 **AGE**	
⚥ **GENDER**	
🏇 **TYPE** ☐ HORSE ☐ PONY	

HORSE BEHAVIOUR

☐ FOCUSED	☐ DISTRACTED
☐ SLOW	☐ QUICK
☐ WILLING	☐ RESISTANT

📋 **NOTES**

CARE & FEEDING

HORSE ENERGY

TRAINING PLAN

🐴 EXERCISE AND FOCUS	⏱ TIME	📝 ADDITIONAL NOTES

📅 **DATE**	
🕐 **TIME**	
📍 **LOCATION**	

WEATHER CONDITIONS

🌡 ____ ☀ ⛅ ☁ 🌧 ❄

🌬 ____ ☐ ☐ ☐ ☐ ☐

🐴 **NAME**	
🐎 **BREED**	
✦ **COLOR**	
🧲 **AGE**	
⚥ **GENDER**	
🏇 **TYPE** ☐ HORSE ☐ PONY	

HORSE BEHAVIOUR

☐ FOCUSED	☐ DISTRACTED
☐ SLOW	☐ QUICK
☐ WILLING	☐ RESISTANT

📋 **NOTES**

CARE & FEEDING

HORSE ENERGY

TRAINING PLAN

🐴 EXERCISE AND FOCUS	⏱ TIME	📝 ADDITIONAL NOTES

- **DATE**
- **TIME**
- **LOCATION**

WEATHER CONDITIONS

NAME
BREED
COLOR
AGE
GENDER
TYPE ☐ HORSE ☐ PONY

HORSE BEHAVIOUR

☐ FOCUSED	☐ DISTRACTED
☐ SLOW	☐ QUICK
☐ WILLING	☐ RESISTANT

NOTES

CARE & FEEDING

HORSE ENERGY

TRAINING PLAN

EXERCISE AND FOCUS	TIME	ADDITIONAL NOTES

DATE	
TIME	
LOCATION	

WEATHER CONDITIONS

🌡 ____ ☀ ⛅ 🌧 ⛈ ❄

🚩 ____ ☐ ☐ ☐ ☐ ☐

NAME	
BREED	
COLOR	
AGE	
GENDER	
TYPE	☐ HORSE ☐ PONY

HORSE BEHAVIOUR

☐ FOCUSED	☐ DISTRACTED
☐ SLOW	☐ QUICK
☐ WILLING	☐ RESISTANT

NOTES

CARE & FEEDING

HORSE ENERGY

TRAINING PLAN

EXERCISE AND FOCUS	TIME	ADDITIONAL NOTES

DATE
TIME
LOCATION

WEATHER CONDITIONS

🌡 ____ ☀ ⛅ 🌧 ⛈ ❄

🚩 ____ ☐ ☐ ☐ ☐ ☐

NAME
BREED
COLOR
AGE
GENDER
TYPE ☐ HORSE ☐ PONY

HORSE BEHAVIOUR

☐ FOCUSED	☐ DISTRACTED
☐ SLOW	☐ QUICK
☐ WILLING	☐ RESISTANT

NOTES

CARE & FEEDING

HORSE ENERGY

TRAINING PLAN

EXERCISE AND FOCUS	TIME	ADDITIONAL NOTES

DATE
TIME
LOCATION

WEATHER CONDITIONS

🌡️ — ☀️ ⛅ 🌧️ ⛈️ ❄️
🚩 — ☐ ☐ ☐ ☐ ☐

NAME
BREED
COLOR
AGE
GENDER
TYPE ☐ HORSE ☐ PONY

HORSE BEHAVIOUR

☐ FOCUSED	☐ DISTRACTED
☐ SLOW	☐ QUICK
☐ WILLING	☐ RESISTANT

NOTES

CARE & FEEDING

HORSE ENERGY

TRAINING PLAN

🐴 EXERCISE AND FOCUS	⏱ TIME	📝 ADDITIONAL NOTES

📅 **DATE**	
🕐 **TIME**	
📍 **LOCATION**	

WEATHER CONDITIONS

🌡️ _____ ☀️ ⛅ ☁️ 🌧️ ❄️

🌬️ _____ ☐ ☐ ☐ ☐ ☐

🐴 **NAME**	
🐎 **BREED**	
✨ **COLOR**	
🧲 **AGE**	
⚥ **GENDER**	
🏇 **TYPE** ☐ HORSE ☐ PONY	

HORSE BEHAVIOUR

☐ FOCUSED	☐ DISTRACTED
☐ SLOW	☐ QUICK
☐ WILLING	☐ RESISTANT
📋 NOTES	

CARE & FEEDING

HORSE ENERGY

TRAINING PLAN

🐎 EXERCISE AND FOCUS	⏱️ TIME	📝 ADDITIONAL NOTES

DATE

TIME

LOCATION

WEATHER CONDITIONS

NAME

BREED

COLOR

AGE

GENDER

TYPE
- [ ] HORSE
- [ ] PONY

HORSE BEHAVIOUR

[ ]	FOCUSED	[ ]	DISTRACTED
[ ]	SLOW	[ ]	QUICK
[ ]	WILLING	[ ]	RESISTANT

NOTES

CARE & FEEDING

HORSE ENERGY

TRAINING PLAN

EXERCISE AND FOCUS	TIME	ADDITIONAL NOTES

DATE	
TIME	
LOCATION	

WEATHER CONDITIONS

🌡 ____ ☀ ⛅ ☁ 🌧 ❄
💨 ____ ☐ ☐ ☐ ☐ ☐

NAME	
BREED	
COLOR	
AGE	
GENDER	
TYPE	☐ HORSE ☐ PONY

HORSE BEHAVIOUR

☐ FOCUSED	☐ DISTRACTED
☐ SLOW	☐ QUICK
☐ WILLING	☐ RESISTANT
NOTES	

CARE & FEEDING

HORSE ENERGY

TRAINING PLAN

EXERCISE AND FOCUS	TIME	ADDITIONAL NOTES

📅 **DATE**	
🕐 **TIME**	
📍 **LOCATION**	

WEATHER CONDITIONS

🌡 _____ ☀️ ⛅ ☁️ 🌧 ❄️

🚩 _____ ☐   ☐   ☐   ☐   ☐

🐴 **NAME**	
BREED	
✨ **COLOR**	
🧲 **AGE**	
⚥ **GENDER**	
🏇 **TYPE**	☐ HORSE ☐ PONY

HORSE BEHAVIOUR

☐	FOCUSED	☐	DISTRACTED
☐	SLOW	☐	QUICK
☐	WILLING	☐	RESISTANT

📋 **NOTES**

CARE & FEEDING

HORSE ENERGY

TRAINING PLAN

🐎 EXERCISE AND FOCUS	⏱ TIME	📝 ADDITIONAL NOTES

📅 **DATE**	
🕐 **TIME**	
📍 **LOCATION**	

WEATHER CONDITIONS

🌡 _____ ☀ ⛅ ☁ 🌧 ❄

🚩 _____ ☐ ☐ ☐ ☐ ☐

🐴 **NAME**	
🐎 **BREED**	
✨ **COLOR**	
🧲 **AGE**	
⚥ **GENDER**	
🏇 **TYPE**	☐ HORSE ☐ PONY

HORSE BEHAVIOUR

☐	FOCUSED	☐	DISTRACTED
☐	SLOW	☐	QUICK
☐	WILLING	☐	RESISTANT

📋 **NOTES**

CARE & FEEDING

HORSE ENERGY

TRAINING PLAN

🐎 EXERCISE AND FOCUS	⏱ TIME	📝 ADDITIONAL NOTES

📅 **DATE**	
🕐 **TIME**	
📍 **LOCATION**	

WEATHER CONDITIONS

🌡 —— ☀ ⛅ ☁ 🌧 ❄

🎏 —— ☐ ☐ ☐ ☐ ☐

🐴 **NAME**	
🐎 **BREED**	
✨ **COLOR**	
🧲 **AGE**	
⚥ **GENDER**	
🏇 **TYPE** ☐ HORSE ☐ PONY	

HORSE BEHAVIOUR

☐ FOCUSED	☐ DISTRACTED
☐ SLOW	☐ QUICK
☐ WILLING	☐ RESISTANT

📋 **NOTES**

CARE & FEEDING

HORSE ENERGY

TRAINING PLAN

🐴 EXERCISE AND FOCUS	⏱ TIME	📝 ADDITIONAL NOTES

📅 **DATE**	
🕐 **TIME**	
📍 **LOCATION**	

WEATHER CONDITIONS

🌡️ _____   ☀️ ⛅ ☁️ 🌧️ ❄️
🚩 _____   ☐   ☐   ☐   ☐   ☐

🐴 **NAME**	
🐎 **BREED**	
✨ **COLOR**	
🧲 **AGE**	
⚥ **GENDER**	
🏇 **TYPE** ☐ HORSE ☐ PONY	

HORSE BEHAVIOUR

☐ FOCUSED		☐ DISTRACTED
☐ SLOW		☐ QUICK
☐ WILLING		☐ RESISTANT
📋 NOTES			

CARE & FEEDING

HORSE ENERGY

TRAINING PLAN

🐎 EXERCISE AND FOCUS	⏱️ TIME	📝 ADDITIONAL NOTES

DATE	
TIME	
LOCATION	

WEATHER CONDITIONS

🌡 ____ ☀ ☁ 🌥 🌧 ❄
🚩 ____ ☐ ☐ ☐ ☐ ☐

NAME	
BREED	
COLOR	
AGE	
GENDER	
TYPE	☐ HORSE ☐ PONY

HORSE BEHAVIOUR

☐ FOCUSED	☐ DISTRACTED
☐ SLOW	☐ QUICK
☐ WILLING	☐ RESISTANT

NOTES

CARE & FEEDING

HORSE ENERGY

TRAINING PLAN

EXERCISE AND FOCUS	TIME	ADDITIONAL NOTES

📅 DATE	
🕐 TIME	
📍 LOCATION	

WEATHER CONDITIONS

🌡️ ___ ☀️ ⛅ 🌧️ ⛈️ ❄️

🚩 ___ ☐ ☐ ☐ ☐ ☐

🐴 NAME	
🐎 BREED	
✨ COLOR	
🧲 AGE	
⚥ GENDER	
🏇 TYPE	☐ HORSE ☐ PONY

HORSE BEHAVIOUR

☐ FOCUSED	☐ DISTRACTED
☐ SLOW	☐ QUICK
☐ WILLING	☐ RESISTANT
📋 NOTES	

CARE & FEEDING

HORSE ENERGY

TRAINING PLAN

🐴 EXERCISE AND FOCUS	⏱️ TIME	📝 ADDITIONAL NOTES

DATE	
TIME	
LOCATION	

WEATHER CONDITIONS

🌡 _____ ☀ ⛅ 🌧 ⛈ ❄
🎐 _____ ☐ ☐ ☐ ☐ ☐

NAME	
BREED	
COLOR	
AGE	
GENDER	
TYPE	☐ HORSE ☐ PONY

HORSE BEHAVIOUR

☐ FOCUSED	☐ DISTRACTED
☐ SLOW	☐ QUICK
☐ WILLING	☐ RESISTANT

📋 NOTES

CARE & FEEDING

HORSE ENERGY

TRAINING PLAN

🐎 EXERCISE AND FOCUS	⏱ TIME	📝 ADDITIONAL NOTES

DATE
TIME
LOCATION

WEATHER CONDITIONS

NAME
BREED
COLOR
AGE
GENDER
TYPE ☐ HORSE ☐ PONY

HORSE BEHAVIOUR

☐ FOCUSED	☐ DISTRACTED
☐ SLOW	☐ QUICK
☐ WILLING	☐ RESISTANT

NOTES

CARE & FEEDING

HORSE ENERGY

TRAINING PLAN

EXERCISE AND FOCUS	TIME	ADDITIONAL NOTES

DATE

TIME

LOCATION

WEATHER CONDITIONS

NAME

BREED

COLOR

AGE

GENDER

TYPE ☐ HORSE ☐ PONY

HORSE BEHAVIOUR

☐ FOCUSED	☐ DISTRACTED
☐ SLOW	☐ QUICK
☐ WILLING	☐ RESISTANT

NOTES

CARE & FEEDING

HORSE ENERGY

TRAINING PLAN

EXERCISE AND FOCUS	TIME	ADDITIONAL NOTES

📅 **DATE**	
🕐 **TIME**	
📍 **LOCATION**	

WEATHER CONDITIONS

🌡 _____ ☀️ ⛅ 🌧 ⛈ ❄️

🚩 _____ ☐ ☐ ☐ ☐ ☐

🐴 **NAME**	
🐎 **BREED**	
✨ **COLOR**	
🧲 **AGE**	
⚥ **GENDER**	
🐴 **TYPE** ☐ HORSE ☐ PONY	

HORSE BEHAVIOUR

☐ FOCUSED	☐ DISTRACTED
☐ SLOW	☐ QUICK
☐ WILLING	☐ RESISTANT
📋 NOTES	

CARE & FEEDING

HORSE ENERGY

TRAINING PLAN

🐴 EXERCISE AND FOCUS	⏱ TIME	📝 ADDITIONAL NOTES

📅 **DATE**	
🕐 **TIME**	
📍 **LOCATION**	

WEATHER CONDITIONS

🌡️	☀️	⛅	🌧️	⛈️	❄️
💨	☐	☐	☐	☐	☐

🐴 **NAME**	
BREED	
✨ **COLOR**	
AGE	
⚥ **GENDER**	
TYPE	☐ HORSE ☐ PONY

HORSE BEHAVIOUR

☐ FOCUSED	☐ DISTRACTED
☐ SLOW	☐ QUICK
☐ WILLING	☐ RESISTANT

📋 **NOTES**

CARE & FEEDING

HORSE ENERGY

TRAINING PLAN

🐎 EXERCISE AND FOCUS	⏱️ TIME	📝 ADDITIONAL NOTES

DATE
TIME
LOCATION

WEATHER CONDITIONS

NAME
BREED
COLOR
AGE
GENDER
TYPE ☐ HORSE ☐ PONY

HORSE BEHAVIOUR

☐ FOCUSED	☐ DISTRACTED
☐ SLOW	☐ QUICK
☐ WILLING	☐ RESISTANT

NOTES

CARE & FEEDING

HORSE ENERGY

TRAINING PLAN

EXERCISE AND FOCUS	TIME	ADDITIONAL NOTES

📅 **DATE**	
🕐 **TIME**	
📍 **LOCATION**	

WEATHER CONDITIONS

🌡 ____ ☀ ⛅ 🌦 ⛈ ❄

🚩 ____ ☐ ☐ ☐ ☐ ☐

🐴 **NAME**	
🐎 **BREED**	
✨ **COLOR**	
🧲 **AGE**	
⚥ **GENDER**	
🏇 **TYPE** ☐ HORSE ☐ PONY	

HORSE BEHAVIOUR

☐ FOCUSED		☐ DISTRACTED	
☐ SLOW		☐ QUICK	
☐ WILLING		☐ RESISTANT	

📋 **NOTES**

CARE & FEEDING

HORSE ENERGY

TRAINING PLAN

🐎 EXERCISE AND FOCUS	⏱ TIME	📝 ADDITIONAL NOTES

DATE		WEATHER CONDITIONS					
TIME		🌡 ___	☀	⛅	🌧	⛈	❄
LOCATION		🚩 ___	☐	☐	☐	☐	☐

NAME		HORSE BEHAVIOUR	
BREED		☐ FOCUSED	☐ DISTRACTED
COLOR		☐ SLOW	☐ QUICK
AGE		☐ WILLING	☐ RESISTANT
GENDER		NOTES	
TYPE ☐ HORSE ☐ PONY			

CARE & FEEDING

HORSE ENERGY

TRAINING PLAN

EXERCISE AND FOCUS	TIME	ADDITIONAL NOTES

📅 **DATE**	
🕐 **TIME**	
📍 **LOCATION**	

WEATHER CONDITIONS

🌡 ____ ☀ ☁ 🌧 ⛈ ❄

🎐 ____ ☐ ☐ ☐ ☐ ☐

🐴 **NAME**	
BREED	
✨ **COLOR**	
AGE	
⚥ **GENDER**	
TYPE	☐ HORSE ☐ PONY

HORSE BEHAVIOUR

☐	FOCUSED	☐	DISTRACTED
☐	SLOW	☐	QUICK
☐	WILLING	☐	RESISTANT

📋 **NOTES**

CARE & FEEDING

HORSE ENERGY

TRAINING PLAN

🐴 EXERCISE AND FOCUS	⏱ TIME	📝 ADDITIONAL NOTES

DATE

TIME

LOCATION

WEATHER CONDITIONS

NAME

BREED

COLOR

AGE

GENDER

TYPE ☐ HORSE ☐ PONY

HORSE BEHAVIOUR

☐ FOCUSED	☐ DISTRACTED
☐ SLOW	☐ QUICK
☐ WILLING	☐ RESISTANT

NOTES

CARE & FEEDING

HORSE ENERGY

TRAINING PLAN

EXERCISE AND FOCUS	TIME	ADDITIONAL NOTES

📅 **DATE**	
🕐 **TIME**	
📍 **LOCATION**	

WEATHER CONDITIONS

🌡️	—	☀️	⛅	☁️	🌧️	❄️
💨	—	☐	☐	☐	☐	☐

🐴 **NAME**
🐎 **BREED**
✨ **COLOR**
🧲 **AGE**
⚥ **GENDER**
🏇 **TYPE**   ☐ HORSE   ☐ PONY

HORSE BEHAVIOUR

☐ FOCUSED	☐ DISTRACTED
☐ SLOW	☐ QUICK
☐ WILLING	☐ RESISTANT

📋 **NOTES**

CARE & FEEDING

HORSE ENERGY

TRAINING PLAN

🐴 EXERCISE AND FOCUS	⏱️ TIME	📝 ADDITIONAL NOTES

📅 DATE	**WEATHER CONDITIONS**
🕐 TIME	🌡 ____ ☀ ⛅ 🌧 ⛈ ❄
📍 LOCATION	🌬 ____ ☐ ☐ ☐ ☐ ☐

🐴 NAME	**HORSE BEHAVIOUR**
🐎 BREED	☐ FOCUSED / ☐ DISTRACTED
✨ COLOR	☐ SLOW / ☐ QUICK
🧲 AGE	☐ WILLING / ☐ RESISTANT
⚥ GENDER	📋 NOTES
🏇 TYPE ☐ HORSE ☐ PONY	

CARE & FEEDING

HORSE ENERGY

TRAINING PLAN

🐴 EXERCISE AND FOCUS	⏱ TIME	📝 ADDITIONAL NOTES

📅 DATE	
🕐 TIME	
📍 LOCATION	

WEATHER CONDITIONS

🌡 ___   ☀ ⛅ ☁ 🌧 ❄

🌬 ___   ☐ ☐ ☐ ☐ ☐

🐴 NAME	
🐎 BREED	
✦ COLOR	
🧲 AGE	
⚥ GENDER	
🏇 TYPE	☐ HORSE ☐ PONY

HORSE BEHAVIOUR

☐ FOCUSED	☐ DISTRACTED
☐ SLOW	☐ QUICK
☐ WILLING	☐ RESISTANT

📋 NOTES

CARE & FEEDING

HORSE ENERGY

TRAINING PLAN

🐎 EXERCISE AND FOCUS	⏱ TIME	📝 ADDITIONAL NOTES

📅 **DATE**	
🕐 **TIME**	
📍 **LOCATION**	

WEATHER CONDITIONS

🌡 _____ ☀ ⛅ 🌧 ⛈ ❄

🚩 _____ ☐ ☐ ☐ ☐ ☐

🐴 **NAME**	
BREED	
COLOR	
AGE	
GENDER	
TYPE	☐ HORSE ☐ PONY

HORSE BEHAVIOUR

☐ FOCUSED		☐ DISTRACTED
☐ SLOW		☐ QUICK
☐ WILLING		☐ RESISTANT
📋 NOTES			

CARE & FEEDING

HORSE ENERGY

TRAINING PLAN

🐴 EXERCISE AND FOCUS	⏱ TIME	📝 ADDITIONAL NOTES

📅 **DATE**	
🕐 **TIME**	
📍 **LOCATION**	

WEATHER CONDITIONS

🌡️ ____   ☀️ ⛅ ☁️ 🌧️ ❄️

🌬️ ____   ☐ ☐ ☐ ☐ ☐

🐴 **NAME**	
🐎 **BREED**	
✨ **COLOR**	
🧲 **AGE**	
⚥ **GENDER**	
🏇 **TYPE**	☐ HORSE ☐ PONY

HORSE BEHAVIOUR

☐ FOCUSED	☐ DISTRACTED
☐ SLOW	☐ QUICK
☐ WILLING	☐ RESISTANT

📋 **NOTES**

CARE & FEEDING

HORSE ENERGY

TRAINING PLAN

🐴 EXERCISE AND FOCUS	⏱️ TIME	📝 ADDITIONAL NOTES

DATE
TIME
LOCATION

WEATHER CONDITIONS
☀ ⛅ 🌧 ⛈ ❄

NAME
BREED
COLOR
AGE
GENDER
TYPE   ☐ HORSE   ☐ PONY

HORSE BEHAVIOUR

☐ FOCUSED	☐ DISTRACTED
☐ SLOW	☐ QUICK
☐ WILLING	☐ RESISTANT

NOTES

CARE & FEEDING

HORSE ENERGY

TRAINING PLAN

EXERCISE AND FOCUS	TIME	ADDITIONAL NOTES

DATE

TIME

LOCATION

WEATHER CONDITIONS

NAME

BREED

COLOR

AGE

GENDER

TYPE   ☐ HORSE   ☐ PONY

HORSE BEHAVIOUR

☐ FOCUSED	☐ DISTRACTED
☐ SLOW	☐ QUICK
☐ WILLING	☐ RESISTANT

NOTES

CARE & FEEDING

HORSE ENERGY

TRAINING PLAN

EXERCISE AND FOCUS	TIME	ADDITIONAL NOTES

📅 **DATE**	
🕐 **TIME**	
📍 **LOCATION**	

WEATHER CONDITIONS

🌡 _____ ☀️ ⛅ 🌧 ⛈ ❄️

🚩 _____ ☐ ☐ ☐ ☐ ☐

🐴 **NAME**	
🐎 **BREED**	
✨ **COLOR**	
🧲 **AGE**	
⚥ **GENDER**	
TYPE ☐ HORSE ☐ PONY	

HORSE BEHAVIOUR

☐ FOCUSED	☐ DISTRACTED
☐ SLOW	☐ QUICK
☐ WILLING	☐ RESISTANT

📋 **NOTES**

CARE & FEEDING

HORSE ENERGY

TRAINING PLAN

EXERCISE AND FOCUS	TIME	ADDITIONAL NOTES

📅 **DATE**	
🕐 **TIME**	
📍 **LOCATION**	

WEATHER CONDITIONS

🌡️ _____ ☀️ ⛅ 🌧️ ⛈️ ❄️

🚩 _____ ☐ ☐ ☐ ☐ ☐

🐴 **NAME**	
🐎 **BREED**	
✨ **COLOR**	
🧲 **AGE**	
⚥ **GENDER**	
🏇 **TYPE**	☐ HORSE ☐ PONY

HORSE BEHAVIOUR

☐ FOCUSED	☐ DISTRACTED
☐ SLOW	☐ QUICK
☐ WILLING	☐ RESISTANT

📋 **NOTES**

CARE & FEEDING

HORSE ENERGY

TRAINING PLAN

🏇 EXERCISE AND FOCUS	⏱️ TIME	📝 ADDITIONAL NOTES

DATE	
TIME	
LOCATION	

WEATHER CONDITIONS

🌡 ____ ☀ ⛅ ☁ 🌧 ❄

💨 ____ ☐ ☐ ☐ ☐ ☐

NAME	
BREED	
COLOR	
AGE	
GENDER	
TYPE ☐ HORSE ☐ PONY	

HORSE BEHAVIOUR

☐	FOCUSED	☐	DISTRACTED
☐	SLOW	☐	QUICK
☐	WILLING	☐	RESISTANT

NOTES

CARE & FEEDING

HORSE ENERGY

TRAINING PLAN

EXERCISE AND FOCUS	TIME	ADDITIONAL NOTES

📅 DATE	
🕐 TIME	
📍 LOCATION	

WEATHER CONDITIONS

🌡 _____ ☀ ⛅ ☁ 🌧 ❄

🚩 _____ ☐ ☐ ☐ ☐ ☐

🐴 NAME	
🐎 BREED	
✦ COLOR	
🧲 AGE	
⚥ GENDER	
🤠 TYPE	☐ HORSE ☐ PONY

HORSE BEHAVIOUR

☐ FOCUSED	☐ DISTRACTED
☐ SLOW	☐ QUICK
☐ WILLING	☐ RESISTANT

📋 NOTES

CARE & FEEDING

HORSE ENERGY

TRAINING PLAN

🐴 EXERCISE AND FOCUS	⏱ TIME	📝 ADDITIONAL NOTES

📅 **DATE**	
🕐 **TIME**	
📍 **LOCATION**	

WEATHER CONDITIONS

🌡 _____ ☀ ⛅ ☁ 🌧 ❄

🚩 _____ ☐ ☐ ☐ ☐ ☐

🐴 **NAME**	
BREED	
✨ **COLOR**	
AGE	
♂ **GENDER**	
TYPE ☐ HORSE ☐ PONY	

HORSE BEHAVIOUR

☐ FOCUSED	☐ DISTRACTED
☐ SLOW	☐ QUICK
☐ WILLING	☐ RESISTANT
📋 **NOTES**	

CARE & FEEDING

HORSE ENERGY

TRAINING PLAN

EXERCISE AND FOCUS	⏱ TIME	📝 ADDITIONAL NOTES

DATE
TIME
LOCATION

WEATHER CONDITIONS

🌡 — ☀ ⛅ ☁ 🌧 ❄

🪁 — ☐ ☐ ☐ ☐ ☐

NAME
BREED
COLOR
AGE
GENDER
TYPE ☐ HORSE ☐ PONY

HORSE BEHAVIOUR

☐ FOCUSED		☐ DISTRACTED
☐ SLOW		☐ QUICK
☐ WILLING		☐ RESISTANT

📋 NOTES

CARE & FEEDING

HORSE ENERGY

TRAINING PLAN

EXERCISE AND FOCUS	TIME	ADDITIONAL NOTES

📅 **DATE**	
🕐 **TIME**	
📍 **LOCATION**	

WEATHER CONDITIONS

🌡️ _____ ☀️ ⛅ 🌧️ ⛈️ ❄️

🚩 _____ ☐ ☐ ☐ ☐ ☐

🐴 **NAME**	
🐎 **BREED**	
✨ **COLOR**	
🧲 **AGE**	
⚥ **GENDER**	
🐴 **TYPE** ☐ HORSE ☐ PONY	

HORSE BEHAVIOUR

☐ FOCUSED		☐ DISTRACTED	
☐ SLOW		☐ QUICK	
☐ WILLING		☐ RESISTANT	

📋 **NOTES**

CARE & FEEDING

HORSE ENERGY

TRAINING PLAN

🐎 EXERCISE AND FOCUS	⏱️ TIME	📝 ADDITIONAL NOTES

📅 DATE	
🕐 TIME	
📍 LOCATION	

WEATHER CONDITIONS

🌡 ____ ☀ ☁ 🌧 ⛈ ❄
🚩 ____ ☐ ☐ ☐ ☐ ☐

🐴 NAME	
🐎 BREED	
✨ COLOR	
🧲 AGE	
⚥ GENDER	
🏇 TYPE	☐ HORSE ☐ PONY

HORSE BEHAVIOUR

☐ FOCUSED	☐ DISTRACTED
☐ SLOW	☐ QUICK
☐ WILLING	☐ RESISTANT

📋 NOTES

CARE & FEEDING

HORSE ENERGY

TRAINING PLAN

🐴 EXERCISE AND FOCUS	⏱ TIME	📝 ADDITIONAL NOTES

📅 **DATE**	
🕐 **TIME**	
📍 **LOCATION**	

WEATHER CONDITIONS

🌡 _____ ☀ ⛅ 🌧 ⛈ ❄
🚩 _____ ☐ ☐ ☐ ☐ ☐

🐴 **NAME**	
🐎 **BREED**	
✨ **COLOR**	
🧲 **AGE**	
⚧ **GENDER**	
TYPE ☐ HORSE ☐ PONY	

HORSE BEHAVIOUR

☐ FOCUSED	☐ DISTRACTED
☐ SLOW	☐ QUICK
☐ WILLING	☐ RESISTANT

📋 NOTES

CARE & FEEDING

HORSE ENERGY

TRAINING PLAN

EXERCISE AND FOCUS	⏱ TIME	📝 ADDITIONAL NOTES

📅 **DATE**	
🕐 **TIME**	
📍 **LOCATION**	

WEATHER CONDITIONS

🌡 _____ ☀️ ⛅ 🌧 ⛈ ❄️

🎐 _____ ☐ ☐ ☐ ☐ ☐

🐴 **NAME**	
BREED	
✨ **COLOR**	
🧲 **AGE**	
⚥ **GENDER**	
🏇 **TYPE**	☐ HORSE ☐ PONY

HORSE BEHAVIOUR

☐ FOCUSED	☐ DISTRACTED
☐ SLOW	☐ QUICK
☐ WILLING	☐ RESISTANT

📝 **NOTES**

CARE & FEEDING

HORSE ENERGY

TRAINING PLAN

🐎 EXERCISE AND FOCUS	⏱ TIME	📝 ADDITIONAL NOTES

📅 **DATE**	
🕐 **TIME**	
📍 **LOCATION**	

WEATHER CONDITIONS

🌡 _____ ☀ ⛅ 🌧 ⛈ ❄
🚩 _____ ☐ ☐ ☐ ☐ ☐

🐴 **NAME**	
🐎 **BREED**	
✧ **COLOR**	
🧲 **AGE**	
⚥ **GENDER**	
🐴 **TYPE** ☐ HORSE ☐ PONY	

HORSE BEHAVIOUR

☐ FOCUSED	☐ DISTRACTED
☐ SLOW	☐ QUICK
☐ WILLING	☐ RESISTANT
📋 NOTES	

CARE & FEEDING

HORSE ENERGY

TRAINING PLAN

🐎 EXERCISE AND FOCUS	⏱ TIME	📝 ADDITIONAL NOTES

📅 **DATE**	
🕐 **TIME**	
📍 **LOCATION**	

WEATHER CONDITIONS

🌡 ____   ☀ ⛅ 🌧 ⛈ ❄

🧭 ____   ☐   ☐   ☐   ☐   ☐

🐴 **NAME**	
BREED	
COLOR	
AGE	
GENDER	
TYPE	☐ HORSE ☐ PONY

HORSE BEHAVIOUR

☐ FOCUSED	☐ DISTRACTED
☐ SLOW	☐ QUICK
☐ WILLING	☐ RESISTANT

📋 **NOTES**

CARE & FEEDING

HORSE ENERGY

TRAINING PLAN

🐴 EXERCISE AND FOCUS	⏱ TIME	📝 ADDITIONAL NOTES

DATE

TIME

LOCATION

WEATHER CONDITIONS

🌡 ____ ☀ ⛅ 🌧 ⛈ ❄

🚩 ____ ☐ ☐ ☐ ☐ ☐

NAME

BREED

COLOR

AGE

GENDER

TYPE ☐ HORSE ☐ PONY

HORSE BEHAVIOUR

☐ FOCUSED	☐ DISTRACTED
☐ SLOW	☐ QUICK
☐ WILLING	☐ RESISTANT
NOTES	

CARE & FEEDING

HORSE ENERGY

TRAINING PLAN

EXERCISE AND FOCUS	TIME	ADDITIONAL NOTES

- **DATE**
- **TIME**
- **LOCATION**

- **NAME**
- **BREED**
- **COLOR**
- **AGE**
- **GENDER**
- **TYPE** ☐ HORSE ☐ PONY

CARE & FEEDING

WEATHER CONDITIONS

☐ ☐ ☐ ☐ ☐

HORSE BEHAVIOUR

☐ FOCUSED	☐ DISTRACTED
☐ SLOW	☐ QUICK
☐ WILLING	☐ RESISTANT

NOTES

HORSE ENERGY

TRAINING PLAN

EXERCISE AND FOCUS	TIME	ADDITIONAL NOTES

DATE

TIME

LOCATION

WEATHER CONDITIONS

NAME

BREED

COLOR

AGE

GENDER

TYPE ☐ HORSE ☐ PONY

HORSE BEHAVIOUR

☐ FOCUSED	☐ DISTRACTED
☐ SLOW	☐ QUICK
☐ WILLING	☐ RESISTANT

NOTES

CARE & FEEDING

HORSE ENERGY

TRAINING PLAN

EXERCISE AND FOCUS	TIME	ADDITIONAL NOTES

DATE	
TIME	
LOCATION	

WEATHER CONDITIONS

🌡 ___ ☀ ⛅ ☁ 🌧 ❄

💨 ___ ☐ ☐ ☐ ☐ ☐

NAME	
BREED	
COLOR	
AGE	
GENDER	
TYPE	☐ HORSE ☐ PONY

HORSE BEHAVIOUR

☐ FOCUSED	☐ DISTRACTED
☐ SLOW	☐ QUICK
☐ WILLING	☐ RESISTANT

📋 NOTES

CARE & FEEDING

HORSE ENERGY

TRAINING PLAN

EXERCISE AND FOCUS	TIME	ADDITIONAL NOTES

📅 **DATE**	
🕐 **TIME**	
📍 **LOCATION**	

WEATHER CONDITIONS

🌡️ _____ ☀️ ⛅ 🌧️ ⛈️ ❄️

🚩 _____ ☐ ☐ ☐ ☐ ☐

🐴 **NAME**	
BREED	
✨ **COLOR**	
AGE	
♂ **GENDER**	
TYPE ☐ HORSE ☐ PONY	

HORSE BEHAVIOUR

☐ FOCUSED	☐ DISTRACTED
☐ SLOW	☐ QUICK
☐ WILLING	☐ RESISTANT
📋 NOTES	

CARE & FEEDING

HORSE ENERGY

TRAINING PLAN

EXERCISE AND FOCUS	TIME	ADDITIONAL NOTES

📅 **DATE**	
🕐 **TIME**	
📍 **LOCATION**	

WEATHER CONDITIONS

🌡 ____ ☀ ☁ 🌧 ⛈ ❄

🚩 ____ ☐ ☐ ☐ ☐ ☐

🐴 **NAME**	
🐎 **BREED**	
✦ **COLOR**	
🧲 **AGE**	
⚥ **GENDER**	
🏇 **TYPE**	☐ HORSE ☐ PONY

HORSE BEHAVIOUR

☐ FOCUSED	☐ DISTRACTED
☐ SLOW	☐ QUICK
☐ WILLING	☐ RESISTANT

📋 **NOTES**

CARE & FEEDING

HORSE ENERGY

TRAINING PLAN

🐴 EXERCISE AND FOCUS	⏱ TIME	📝 ADDITIONAL NOTES

DATE
TIME
LOCATION

WEATHER CONDITIONS

🌡 ____   ☀ ⛅ ☁ 🌧 ❄

🚩 ____   ☐ ☐ ☐ ☐ ☐

NAME
BREED
COLOR
AGE
GENDER
TYPE   ☐ HORSE   ☐ PONY

HORSE BEHAVIOUR

☐ FOCUSED	☐ DISTRACTED
☐ SLOW	☐ QUICK
☐ WILLING	☐ RESISTANT

📋 NOTES

CARE & FEEDING

HORSE ENERGY

TRAINING PLAN

EXERCISE AND FOCUS	TIME	ADDITIONAL NOTES

DATE
TIME
LOCATION

WEATHER CONDITIONS

NAME
BREED
COLOR
AGE
GENDER
TYPE ☐ HORSE ☐ PONY

HORSE BEHAVIOUR

☐ FOCUSED	☐ DISTRACTED
☐ SLOW	☐ QUICK
☐ WILLING	☐ RESISTANT

NOTES

CARE & FEEDING

HORSE ENERGY

TRAINING PLAN

EXERCISE AND FOCUS	TIME	ADDITIONAL NOTES

DATE

TIME

LOCATION

WEATHER CONDITIONS

NAME

BREED

COLOR

AGE

GENDER

TYPE ☐ HORSE ☐ PONY

HORSE BEHAVIOUR

☐ FOCUSED	☐ DISTRACTED
☐ SLOW	☐ QUICK
☐ WILLING	☐ RESISTANT

NOTES

CARE & FEEDING

HORSE ENERGY

TRAINING PLAN

EXERCISE AND FOCUS	TIME	ADDITIONAL NOTES

DATE
TIME
LOCATION

WEATHER CONDITIONS

NAME
BREED
COLOR
AGE
GENDER
TYPE ☐ HORSE ☐ PONY

HORSE BEHAVIOUR

☐ FOCUSED	☐ DISTRACTED
☐ SLOW	☐ QUICK
☐ WILLING	☐ RESISTANT

NOTES

CARE & FEEDING

HORSE ENERGY

TRAINING PLAN

EXERCISE AND FOCUS	TIME	ADDITIONAL NOTES

📅 **DATE**	
🕐 **TIME**	
📍 **LOCATION**	

WEATHER CONDITIONS

🌡 _____ ☀ ⛅ 🌧 ⛈ ❄
🚩 _____ ☐ ☐ ☐ ☐ ☐

🐴 **NAME**	
🐎 **BREED**	
✨ **COLOR**	
🧲 **AGE**	
⚥ **GENDER**	
🎺 **TYPE** ☐ HORSE ☐ PONY	

HORSE BEHAVIOUR

☐ FOCUSED	☐ DISTRACTED
☐ SLOW	☐ QUICK
☐ WILLING	☐ RESISTANT

📋 **NOTES**

CARE & FEEDING

HORSE ENERGY

TRAINING PLAN

🐴 EXERCISE AND FOCUS	⏱ TIME	📝 ADDITIONAL NOTES

📅 **DATE**	
🕐 **TIME**	
📍 **LOCATION**	

WEATHER CONDITIONS

🌡 ____ ☀ ☁ ☁ 🌧 ❄

💨 ____ ☐ ☐ ☐ ☐ ☐

🐴 **NAME**	
🐎 **BREED**	
✧ **COLOR**	
🧲 **AGE**	
⚥ **GENDER**	
🎺 **TYPE**	☐ HORSE ☐ PONY

HORSE BEHAVIOUR

☐	FOCUSED	☐	DISTRACTED
☐	SLOW	☐	QUICK
☐	WILLING	☐	RESISTANT

📋 **NOTES**

CARE & FEEDING

HORSE ENERGY

TRAINING PLAN

🏇 EXERCISE AND FOCUS	⏱ TIME	📝 ADDITIONAL NOTES

DATE
TIME
LOCATION

WEATHER CONDITIONS

🌡 _____ ☀ ⛅ 🌧 ⛈ ❄

🚩 _____ ☐ ☐ ☐ ☐ ☐

NAME
BREED
COLOR
AGE
GENDER
TYPE ☐ HORSE ☐ PONY

HORSE BEHAVIOUR

☐	FOCUSED	☐	DISTRACTED
☐	SLOW	☐	QUICK
☐	WILLING	☐	RESISTANT

NOTES

CARE & FEEDING

HORSE ENERGY

TRAINING PLAN

EXERCISE AND FOCUS	TIME	ADDITIONAL NOTES

📅 **DATE**		**WEATHER CONDITIONS**					
🕐 **TIME**		🌡️ ___	☀️	⛅	🌧️	🌧️	❄️
📍 **LOCATION**		🍃 ___	☐	☐	☐	☐	☐

🐴 **NAME**		**HORSE BEHAVIOUR**	
🐎 **BREED**		☐ FOCUSED	☐ DISTRACTED
✦ **COLOR**		☐ SLOW	☐ QUICK
🧲 **AGE**		☐ WILLING	☐ RESISTANT
⚥ **GENDER**		📋 **NOTES**	
🏇 **TYPE** ☐ HORSE ☐ PONY			

CARE & FEEDING	**HORSE ENERGY**

TRAINING PLAN

🐎 EXERCISE AND FOCUS	⏱️ TIME	📝 ADDITIONAL NOTES

DATE

TIME

LOCATION

WEATHER CONDITIONS

NAME

BREED

COLOR

AGE

GENDER

TYPE ☐ HORSE ☐ PONY

HORSE BEHAVIOUR

☐	FOCUSED	☐	DISTRACTED
☐	SLOW	☐	QUICK
☐	WILLING	☐	RESISTANT

NOTES

CARE & FEEDING

HORSE ENERGY

TRAINING PLAN

EXERCISE AND FOCUS	TIME	ADDITIONAL NOTES

📅 **DATE**	
🕐 **TIME**	
📍 **LOCATION**	

WEATHER CONDITIONS

🌡 ____ ☀ ☁ 🌥 🌧 ❄

🌬 ____ ☐ ☐ ☐ ☐ ☐

🐴 **NAME**	
BREED	
COLOR	
AGE	
GENDER	
TYPE	☐ HORSE ☐ PONY

HORSE BEHAVIOUR

☐ FOCUSED	☐ DISTRACTED
☐ SLOW	☐ QUICK
☐ WILLING	☐ RESISTANT

📋 **NOTES**

CARE & FEEDING

HORSE ENERGY

TRAINING PLAN

🐎 EXERCISE AND FOCUS	⏱ TIME	📝 ADDITIONAL NOTES

DATE		WEATHER CONDITIONS	
TIME		🌡 ___ ☀ ⛅ 🌧 ⛈ ❄	
LOCATION		🚩 ___ ☐ ☐ ☐ ☐ ☐	

NAME		HORSE BEHAVIOUR	
BREED		☐ FOCUSED	☐ DISTRACTED
COLOR		☐ SLOW	☐ QUICK
AGE		☐ WILLING	☐ RESISTANT
GENDER		NOTES	
TYPE ☐ HORSE ☐ PONY			

CARE & FEEDING

HORSE ENERGY

TRAINING PLAN

EXERCISE AND FOCUS	TIME	ADDITIONAL NOTES

📅 **DATE**	
🕐 **TIME**	
📍 **LOCATION**	

WEATHER CONDITIONS

🌡 _____ ☀️ ⛅ ☁️ 🌧 ❄️
🚩 _____ ☐ ☐ ☐ ☐ ☐

🐴 **NAME**	
🐎 **BREED**	
✦ **COLOR**	
🧲 **AGE**	
⚥ **GENDER**	
🏇 **TYPE**	☐ HORSE ☐ PONY

HORSE BEHAVIOUR

☐ FOCUSED	☐ DISTRACTED
☐ SLOW	☐ QUICK
☐ WILLING	☐ RESISTANT

📋 **NOTES**

CARE & FEEDING

HORSE ENERGY

TRAINING PLAN

🐎 EXERCISE AND FOCUS	⏱ TIME	📝 ADDITIONAL NOTES

DATE
TIME
LOCATION

WEATHER CONDITIONS

🌡 ____ ☀ ⛅ 🌧 ⛈ ❄
💨 ____ ☐ ☐ ☐ ☐ ☐

NAME
BREED
COLOR
AGE
GENDER
TYPE ☐ HORSE ☐ PONY

HORSE BEHAVIOUR

☐ FOCUSED	☐ DISTRACTED
☐ SLOW	☐ QUICK
☐ WILLING	☐ RESISTANT

NOTES

CARE & FEEDING

HORSE ENERGY

TRAINING PLAN

EXERCISE AND FOCUS	TIME	ADDITIONAL NOTES

📅 **DATE**	
🕐 **TIME**	
📍 **LOCATION**	

WEATHER CONDITIONS

🌡️ —	☀️ ⛅ ☁️ 🌧️ ❄️
🎏 —	☐ ☐ ☐ ☐ ☐

🐎 **NAME**	
🐴 **BREED**	
✨ **COLOR**	
🧲 **AGE**	
⚥ **GENDER**	
🏇 **TYPE** ☐ HORSE ☐ PONY	

HORSE BEHAVIOUR

☐ FOCUSED	☐ DISTRACTED
☐ SLOW	☐ QUICK
☐ WILLING	☐ RESISTANT
📋 NOTES	

CARE & FEEDING

HORSE ENERGY

TRAINING PLAN

🐎 EXERCISE AND FOCUS	⏱️ TIME	📝 ADDITIONAL NOTES

DATE		WEATHER CONDITIONS	

- 🗓️ DATE
- 🕐 TIME
- 📍 LOCATION

WEATHER CONDITIONS

🌡️ ____ ☀️ ⛅ ☁️ 🌧️ ❄️

🚩 ____ ☐ ☐ ☐ ☐ ☐

- 🐴 NAME
- 🐎 BREED
- ✨ COLOR
- 🧲 AGE
- ⚥ GENDER
- 🎽 TYPE ☐ HORSE ☐ PONY

HORSE BEHAVIOUR

☐ FOCUSED	☐ DISTRACTED
☐ SLOW	☐ QUICK
☐ WILLING	☐ RESISTANT
📋 NOTES	

CARE & FEEDING

HORSE ENERGY

TRAINING PLAN

EXERCISE AND FOCUS	TIME	ADDITIONAL NOTES

DATE
TIME
LOCATION

WEATHER CONDITIONS

☀ ⛅ ☁ 🌧 ❄

NAME
BREED
COLOR
AGE
GENDER
TYPE ☐ HORSE ☐ PONY

HORSE BEHAVIOUR

☐ FOCUSED	☐ DISTRACTED
☐ SLOW	☐ QUICK
☐ WILLING	☐ RESISTANT

NOTES

CARE & FEEDING

HORSE ENERGY

TRAINING PLAN

EXERCISE AND FOCUS	TIME	ADDITIONAL NOTES

- **DATE**
- **TIME**
- **LOCATION**

WEATHER CONDITIONS

NAME
BREED
COLOR
AGE
GENDER
TYPE ☐ HORSE ☐ PONY

HORSE BEHAVIOUR

☐ FOCUSED	☐ DISTRACTED
☐ SLOW	☐ QUICK
☐ WILLING	☐ RESISTANT

NOTES

CARE & FEEDING

HORSE ENERGY

TRAINING PLAN

EXERCISE AND FOCUS	TIME	ADDITIONAL NOTES

DATE
TIME
LOCATION

WEATHER CONDITIONS

NAME
BREED
COLOR
AGE
GENDER
TYPE ☐ HORSE ☐ PONY

HORSE BEHAVIOUR

☐ FOCUSED	☐ DISTRACTED
☐ SLOW	☐ QUICK
☐ WILLING	☐ RESISTANT

NOTES

CARE & FEEDING

HORSE ENERGY

TRAINING PLAN

EXERCISE AND FOCUS	TIME	ADDITIONAL NOTES

Printed in Great Britain
by Amazon